アンティークシルバーの ある暮らしⅡ

Garden Tea Time

藤嶋 優子

誠文堂新光社

2　イギリス・クリブデンハウスのゲストルームにて。

お茶の愉しみ

我が家の朝食はロイヤルブレンドティーをたっぷりのミルクティーにしていただきます。
フォートナム＆メイソンがエドワード七世即位を記念してブレンドされたもので、
何十年も毎日飽きずに飲み続けられる、お気に入りの紅茶です。
札幌・宮の森のお店に居る間は中国の岩茶や宇治のお煎茶、加賀棒茶、玄米茶などなど、
コーヒーが苦手になったことから、常に食事にもお菓子タイムにもお茶は欠かせません。
買い付けに出かけるときはイングリッシュブレックファーストティーをオーダーし
イギリス以外の国でも"Coffee or Tea ?"と問われますと、即座に"Tea please !"

ロンドンに初めて買い付けに向かった頃、どこでも紅茶をいただくティーサロンが
あるものと探しましたが、なかなか見つかりませんでした。
そこで、アフタヌーンティーを紹介するという名目でTea Roomをサイトに立ち上げ、
行く先々でアフタヌーンティーを予約し、時間のあるときはアフタヌーンティー巡りを始めました。
高級ホテルのサーヴィスでもてなされる、室内楽やピアノの生演奏から、
記念日のイベントやバースディーソングが流れたりなど、華やかですが商業的な演出に疲れるときもあります。
ゆっくりお茶を愉しむ場所は未だに見つかりません。

静かな朝に紅茶の香りが広がります。

紅茶が国民的な飲み物になったと言われるヴィクトリア時代。
ブリテン島を襲った天候不良から麦が実らず、大規模な飢饉が発生します。
それでなくても気象条件の良い土地とはいえず、
食糧難に苦しむ子どもたちや労働者で溢れていました。
ヴィクトリア女王が即位し、人々の期待とともにイギリスの経済が発展、
さまざまな文化・産業・商業・労働環境の見直しが進められますと、
それまでの歴代の君主とは異なる若い女王が築き上げる家庭生活が
中産階級や労働者階級のお手本となる理想的な家族像をイメージされるようになります。

その一番の変化は食生活。不衛生な飲料水に代わり、
アルコール飲料を飲み続けていた過酷な環境で働く労働者でも、1880年頃には、
家庭に持ち帰られる手頃な価格になった紅茶が家族団欒に欠かせない飲み物となりました。
水を沸かし食事とともにたっぷりのミルクを入れた紅茶が日常的な習慣となります。
イギリスの格言「家庭は城である」のように、
悲しい出来事があったときも嬉しいときにも問題が起こったときにも
家族や友人達が集う場所でゆっくりいただく一杯の紅茶は、まるで魔法の飲み物のように、
今も受け継がれています。

クリブデンハウスより、テムズ川を望む。

クリブデンハウスの静謐なライブラリー。

ロンドンでゆっくり紅茶をいただく場所を探していた頃、古くからのイギリス人の知り合いが
「家においでよ」と誘ってくれました。これは特別なティーカップと言いながら、
アンティークシルバーのティーポットで淹れてくれた紅茶は、ティーバックでしたが、
気持ちがやすまる優しい味わいでした。
その時にお披露目してくれたお茶道具も「おばあちゃんが使っていたティーポットだよ」と、家族のエピソードとともに、
今も大切な人から受け継いだアンティークが暮らしに息づく素晴らしさを教えてくれた
イギリスでのファーストティータイムです。

目次

2 「お茶の愉しみ」

8 PART 1　春から夏へ

10 SCENE 1　薔薇の香りに包まれて
16 SCENE 2　ガーデンピクニック
20 SCENE 3　クリスタル涼やか
22 SCENE 4　みんなでお茶を
26 SCENE 5　朝露きらめく
30 「花咲くロイヤルウースター」
40 「英国人が愛する庭と紅茶」

46 **PART 2**　夏から秋へ

48　SCENE 6　木もれ日の中で
52　SCENE 7　ポタジェの恵み
56　「カトラリーとの出会いから広がる世界」
68　SCENE 8　秋の夕暮れ
72　SCENE 9　愉しき川辺
76　SCENE 10　庭仕舞い
82　「シルバースミスの仕事」

92　この本の舞台になったマナーハウスとガーデン
94　結びにかえて

春から夏へ

Through primrose tufts, in that green bower,
The periwinkle trailed its wreaths;
And 'tis my faith that every flower
Enjoys the air it breathes.

The birds around me hopped and played,
Their thoughts I cannot measure,
But the least motion which they made,
It seemed a thrill of pleasure.

Poemed by William Wordsworth
"Lines Written in Early Spring"

魔法をひとふり、妖精達がアレンジした薔薇のアーチはローズの香りに包まれています。
ケーキバスケット
バーミンガム 1867年　Hirons&Plante&Co

1
Candelabra
〜キャンデラブラ

薔薇の香りに包まれて

陽が昇り始める頃、ロズビィのバラ畑へ。
そこには今か今かと待ち侘びるように、
幾種類ものイングリッシュローズが咲き始めます。
早朝の静けさのなか、花びらが一枚一枚開いていく音が聞こえそうです。
蔓薔薇に迎えられながら、ゆっくりエディブルローズの
バラ畑に足を踏み入れると、静かに薔薇の精が舞い降りてきました。

シロップやジャムになるエディブルローズ。一輪一輪、丁寧に手もぎされた薔薇の花びらは真綿のよう。香り立つ薔薇をコンポートに飾ります。

コンポート
シェフィールド　1911年
John Round&Son Ltd

やわらかな光に覆われたガラスのテーブル。フレッシュな芝生が緑のテーブルクロスのように広がります。ペア・キャンデラブラを薔薇のオブジェに。

キャンデラブラ
シェフィールド　1915年
Goldsmiths&Silversmiths Co Ltd

ティーサーヴィスセット
シェフィールド　1913年
Robert Fead Mosley

ギャラリートレー
シェフィールド　1874年
Charles Favell&Co

薔薇の香りに包まれて
~ Tea for two

薔薇の香りに包まれながら、二人でお茶をいただく理想的なEmile Puiforcatのティーポット。

ティーポット
パリ　C.1890年
Emile Puiforcat

薔薇のアーチで"Tea for two"。コンポートには大輪の薔薇をアレンジ。ティーカップに花びらを一枚浮かべるとローズティーが香ります。

15ページ上.ティーポット
パリ　C.1900年
E.D

15ページ右.コンポート
ロンドン　1896年
Goldsmiths&Silversmiths Co

2 Victorian Rococo Tea Set
〜ヴィクトリアンロココ ティーセット

ガーデンピクニック

好天に誘われガーデンへ。今日はお気に入りのティーサーヴィスセットと一緒にピクニックです。フットの付いたオーバルトレーをテーブルに見立てて、セッティング。お花尽くしのヴィクトリアンロココ ティーセットとガーデンフラワーを描いたロイヤルクラウンダービーのティーカップでお茶にしましょう。

ティーサーヴィスセット
ロンドン 1848年
Robert Hennell III

オーバルトレー
ロンドン 1880年
Daniel&Charles Houle

花びらのような英国古陶磁器のデザートプレート。お花の
ようなクグロフを中心に飾り、エングレーヴィングがきらきら
と輝くデザートナイフ＆フォークでいただきます。

デザートカトラリー
シェフィールド　1898年
Walker&Hall

ガーデンピクニック
～ Victorian Rococo Tea Set

お天気の良い日はピクニックに出かけましょう。
芝生にラグを広げると、大地からの色々なメッセージが聞こえてきます。
初夏の草原は、草花の香りとそよ風に吹かれ、思わず深呼吸。
お気に入りのティーセットをトレーに並べ、いつものティータイムです。

すらりとしたコンポートにお花のようなクグロフを。台座の透かし紋様がきらきらと輝いています。

コンポート
シェフィールド　1909年
Walker&Hall

3 British Glass
〜ブリティッシュグラス

クリスタル涼やか

摘みたてのラベンダーを一輪。
ブリティッシュグラスに注ぎ入れた冷たいドリンクは、
気分を爽やかにしてくれます。
草原を自由自在に飛び交う虫達と戯れるうちに、見えてくる風景が変わります。
Lloydのボリューム感溢れるピッチャーで涼やかなティータイムを。

上．ロングハンドルのレモネードスプーンは、その名の如くレモネードの掻き混ぜに使われました。サマータイムのドリンクには欠かせないスプーンです。

レモネードスプーン
USAスターリングシルバー　C.1920年

左．イギリスのTudor Crystalのピッチャーに冷たいドリンクをたっぷり入れると、光を浴びた花紋様が浮き上がります。

グラスピッチャー
イギリス　C.1900年
J Lloyd

4 Victorian Tea Set
～ヴィクトリアン ティーセット

みんなでお茶を

生き生きと咲き誇る花々、お花畑に足を踏み入れると
優しく迎えてくれる自然との触れあいの時間。
人も花々も自然の仲間。

お花畑で大好きなお茶の時間です。
子どもたちが遊び疲れた頃、「そろそろお茶にしましょう」と
声を掛けると、いつの間にかチャイルドティーセットを広げ、
大人顔負けのティーセレモニーのはじまり。
今日のお菓子は？

東西を問わず、お茶入れはおしゃれなデザインのものが多いです。中国の茶器を真似て作られたBOMBEシェープのティーキャディ。ロココモチーフで飾られた薔薇の花々が華やかに飾られています。密閉度も高く、お茶入れに最適です。

ティーキャディ
ロンドン　1885年
FBThomas&Co

持ち運びの出来るボックスにお茶の道具を収納。小さめのティーポット＆ミルクジャグ＆シュガーボウル＆ティーキャデイ＆キャディスプーンが揃っています。

ボックス入りティーサーヴィスセット
ロンドン　1844年
Edward John&William Barnard

英国古陶磁器のモーニングティーカップ＆ソーサー。大きなソーサーとたっぷりお茶をいただけるティーカップが魅力的。

モーニングティーカップ＆ソーサー
英国古陶磁器　C.1860年

ヴィクトリアンスターリングシルバーのティーサーヴィスセット。メロンシェープを変形させたティーポットです。ポットの蓋を膨らませ、注ぎ口にはシェル紋様に花々を重ねた重厚な仕上げ。脚の細工にもアカンサス紋様と花々で縁取り、蓋の摘みに飾られた大輪の薔薇が愛らしいです。

ヴィクトリアンティーサーヴィスセット
ロンドン　1845年
John&Henry Lias

朝露きらめく

5 Georgian Tea Pot
〜ジョージアン ティーポット

アーリーモーニングティーをテラスで。
朝露を浴びた牧草地を眺めながら、
ルリハコベを描いたフローラダニカでお茶をいただきます。
サマータイムのイギリスは早々に陽が上り、すでに眩しい光が草原を覆っています。
ひんやり心地よい風に吹かれ、清々しい目覚めのティータイムです。

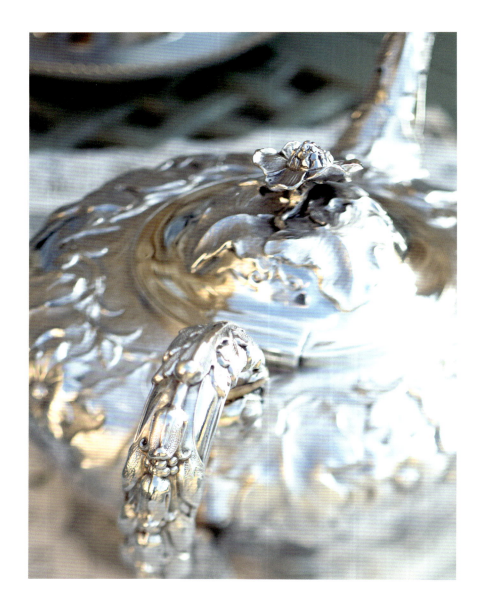

28ページ．ジョージアンスターリングシルバーのティーポット。コサージュのような蓋摘みに、スイカズラで飾られたハンドルが印象的です。ポット全体をアカンサスの葉が浮き上がるように仕上げたゴージャスなティーポットです。

ジョージアン ティーポット
ロンドン　1829年
Charles Fox II

29ページ．ジョージアンスターリングシルバーのベリースプーン。刻印年代は異なりますが、同じ工房で作られた、ベリーを頂くためのスプーンです。フルーツが貴重な時代に登場した、ティースプーンよりも大きく、デザートスプーンよりも小さめに仕上げた贅沢なスプーンです。

ベリースプーン
ロンドン　1795年＆1798年
Richard Crossley

花咲くロイヤルウースター

〜英国の田園風景を愛したスペシャルペインターたち

♦ ROYAL WORCESTER ♦

　英国の王室御用達陶磁器メーカーとして、その名を残すロイヤルウースター。
　高度な技術力と才能豊かな絵付師により、数多くの美しいポーセリンが作られました。その偉業は、2009年に窯を閉じた後もアンティークとして生き続けています。

　創業は1751年。15人の株式出資者により、興されました。
　その中心的な存在が、医者でもあり化学者であったJohn Wall、そして薬剤師のWilliam Davisです。その数年前にブリストルで開業された磁器製造工場を吸収合併、ウースター市に拠点を移して本格的な事業に着手します。
　ブリストルの工場では、ステアタイト（ソープストーンとも凍石とも言われます）と呼ばれる、ガラス質の素材を素地に混入して軟質磁器を作る方法が開発されます。それ以降も、当時の先端技術をいち早く導入。グレンジャー窯、ハードレイ窯、ロック窯を次々に吸収合併し、常に新しい製法を模索しながら成長していきました。
　1890年以降には、エナメルカラーの絵付けを施す高度な特殊技法が発達しました。

　1900年から1920年代を代表する絵付師に、祖父から父、さらに子ども、孫へと代々ウースターに貢献したStinton家のJohn Stinton（Junior）と、同時代、ウースターの天才絵付師とも言われたHarry Davisは自然な風景やハイランド地方の羊、魚を描くことを得意としていました。
　そのHarryが後輩の絵付師の育成に取り組んだことで、ウースターの技術が確実に次の世代へと伝承されます。

　その中の一人、1918年にウースターに入ったEdward Townsendがフルーツを得意とした絵付師として才能を発揮します。この他にもHorace PriceやWalter Harold Austinなど、多くのフルーツペインターにより、ペインテッド・フルーツシリーズはウースターの黄金期と讃えられます。ペインターだけでなく、優秀な造形師や金彩師による最高のチームが力を尽くして作り上げた、まさにアート作品です。
　その後、二度の大戦で甚大な被害を受け、1930年以降は経営に困窮し、多くのペインターが工房を去ります。しかし、名工達が積み重ねた技は永遠。ロイヤルウースターのアンティークポーセリンは時代を越え、輝いています。

　ペインターたちは、ガーデンや野原で写生をしながら観察力を養いました。野草、薔薇、フルーツ、風景、鳥、動物など、スペシャルペインターの秀でた表現力には目を見張るばかりです。
　その神々しい光に包まれた作風は、英国人が大切にしている風景・ガーデンがあってこそ。この風土が生み出した作品といえるでしょう。

◆ ROYAL WORCESTER ◆

エナメルジュール

ティーカップの形状はファヌルシェイプと呼ばれ、19世紀後半に英国で流行したスタイルです。原型はセーヴル窯のデザインを用いられたことからセーヴルスタイルとも言われます。ロイヤルウースターのペインターお得意の多彩な色合いで描かれたナチュラルフラワーの花束。カップの縁取りに施された金彩とホワイトカラーの華麗なエナメルジュール。まるで宝石のようなティーカップ&ソーサーです。

ロイヤルウースターティーカップ&ソーサー
C.1874-75年

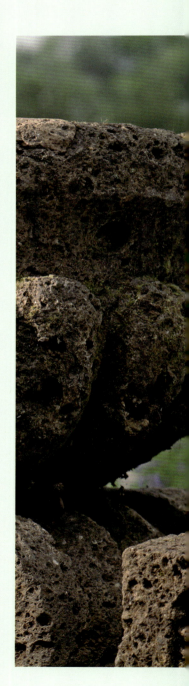

ガーデンフラワー

ロイヤルウースターのペインターが描くガーデンフラワーを見ていると、そよ風に吹かれた気分に誘われます。ティーカップの内側に描かれた絵付けから、クオリティの高さが感じられます。
　ソーサーにもケーキプレートにも花々が咲きみだれ、お茶の時間が楽しくなります。

ロイヤルウースターティーカップ
&ソーサー・ケーキプレート
C.1935年

◆ ROYAL WORCESTER ◆

薔薇

自然描写を得意としたロイヤルウースターのスペシャルペインターたち。そのなかにはRoyal Academy of Artsのメンバーとなり、水彩画家として活躍した人々もいました。
　まるで妖精が舞い降りたかのように、咲き誇る薔薇。魔法の光に包まれているような技法です。ティーカップ＆ソーサーに描かれている花びらが開いていく自然な描写に心奪われます。

ロイヤルウースター
ティーカップ＆ソーサー
C.1903年

◆ ROYAL WORCESTER ◆

ブラッシュアイボリー

ロイヤルウースターお得意のブラッシュアイボリーです。それは、白磁にアイボリーで色付けした上にほんのりサーモンピンクを加える技法のこと。イングリッシュローズをはじめとしたガーデンフラワーの可憐さが、より伝わってきます。ティーカップの内側に描かれた花々からも高い技術が感じられます。

ロイヤルウースター
ティーカップ＆ソーサー・ケーキプレート
ブラッシュアイボリー　C.1900年

キティ ブレーク

果実と花々を得意とした女性ペインターの一人Kitty Blake(1905-53年)。
　これは、お得意のベリーを描いたKittyのデザートプレートです。ブラッシュアイボリーに艶やかに浮き上がるベリー。手で摘み取りたくなるほど、美味しそうに描かれています。Kittyの作風は実にさまざまでフルーツに限らず薔薇も得意としました。

ロイヤルウースター
デザートプレート（Kitty Blake）
C.1933年

◆ ROYAL WORCESTER ◆

英国人が愛する庭と紅茶

イギリス・ハートウェルハウスのモーニングルーム。

イギリス人が人生を傾ける庭作りとは、中世の王侯貴族が理想とした整形庭園を覆し、
自然な風景を作り上げる"風景式庭園"をイメージした時代からはじまります。
つまり風景式庭園とは当初より自然に作られた景色ではなかったのです。
川の流れや湖を人工的に作り上げ、ガーデンを眺める最高のポジションにお屋敷を建てたことは、
とても大きな驚きでした。

アンティークシルバーを探し求めながら、
イギリスの田園風景を望むカントリーハウスで過ごす束の間の時間は、時計が止まったよう。
一日がこんなにゆったりとしていたのかと、気が付かされます。

ロンドンから、車で一時間程離れるだけで、
緩やかな丘陵地帯に羊や牛が牧草を食べる風景が目に飛び込んできます。
イギリスには、随所に広大なお庭と由緒ある歴史的な英国貴族の
田園の邸宅(カントリーハウス)が残されています。
英国ナショナルトラストの管理のもと現代も保護され続け、
誰もが滞在できるホテルとなったマナーハウスにも出会えます。

最初に訪ねたのは、テムズ川の上流に位置するクリブデンハウスです。
当時は持ち主の家族が一部の棟を住居としていたことから、
見学者と宿泊するゲストのみに開放されていました。
お部屋も当時の状態を維持し続け、水回りは完璧ではありませんが、
一人のゲストに対してスタッフ三名によるサーヴィスが付くといわれ、
俄かにカントリーハウスの主人となったようでした。
ハウスキーパーが常に「ご用はございませんか」
就寝時前にも「今日はこれで失礼致しますが、
お茶をご用意しましょうか、アーリーモーニングティーのご用意は」と、
まるで中世にタイムスリップしたようでした。
整形庭園を見渡せる天蓋ベットのあるお部屋で、グランドフロアの暖炉の燻された香りに、
当時の様子を想像したものです。
楽しみにしていたフルイングリッシュブレックファーストを
若い女性が頑丈な木製トレーに載せて高々と持ち上げて運ぶ姿には驚きました。
昔と同じ環境で下から最上階へ狭い階段をトレーに載せて運ぶのですから過酷な仕事です。
紅茶はもちろん。温かいお料理の保温方法にも、ひとつひとつ気を配り、
美味しくいただいたフルイングリッシュブレックファーストは今も忘れられない味わいです。

窓から眺めますと、遠くにはセントラル・ロンドンへと流れるテムズ川の上流が
きらきらと眩い光に包まれていました。
その後二回ほど、訪ねましたが、水回りの改善やお部屋のリニューアルなど、
外観は変わらなくとも徐々にカントリーハウスの古き伝統や
持ち主の面影が薄れホテル化される寂しさを少々感じます。

ハートウェルハウスの優雅なアフタヌーンティー。

その後、バースの丘の上のマナーハウス、ラックナムパークへ。

細い道に入り込み、目印も無く入り口らしき大きな門の前に車を向けると、ゆっくりと門が開きます。

そのまま暫く車を走らせますと、ようやく長いオークの並木道へ。

そこを通りぬける頃、真正面にマナーハウスの入り口が見えてきます。

9月始めのイギリスは薄手の中綿ジャケットを羽織りたくなる肌寒さですが、

ハウスのなかは暖炉の炎が暖かく、「滞在中は本棚にある書籍をご自由にどうぞ」と

案内されたライブラリーを通り抜け、丘を一面に望むドローイングルームのソファで、ようやく一息。

そこに「お茶はいかがですか」

「肌寒いのでジンジャーティーはいかがでしょうか」と、

勧められたジンジャーレモンティーの香りに包まれながら、

辿りつくまでの緊張した気持ちが一気にほぐれた気がしました。

滞在中は手入れの行き届いた

コテージガーデンを眺める窓辺でのアーリーモーニングティーや、

気分を華やかにするアフタヌーンティータイムでのんびりと。

予約されたゲストの方々とともに暖炉の温かさと、

やわらかな午後の陽射しに包まれ、時折鳥の囀りに耳を傾け、

ゆっくり陽が暮れるまで時間を忘れて過ごしました。

中世の騎士が見守るグレートステアーズは、ハートウェルハウスの見どころの一つ。

オックスフォードへ向かう途中にあるのは、
ルイ18世がナポレオン失脚までの亡命生活を送った広大な敷地に囲まれたハートウェルハウス。
現在はホテルとして経営を続けており、宿泊者はもとより、
庭を眺めながらアフタヌーンティーを過ごす地域の人々の憩いの場所となっています。
広大な敷地内を自由に散策できるのも、それを維持し続けた時代を越えた人々の
地域を守り続けた努力を感じるマナーハウスです。

中世から始まる羊毛＆繊維産業から綿織物産業の発展が、深い森の木々を伐採、
さらに工業化の流れが加速すると、川も牧草地も自然破壊が進み、イギリスの風景は荒廃します。
産業革命後のイギリスは鉄道網が発達し、人々の移動が便利になった反面、
それまでの土地に生育していた植物の生態系を破壊し、環境悪化が進み、人々の健康被害も起こります。
そこに疑問を持ち、気付きはじめたウィリアム モリスらが、奨励した自然環境復旧推進派や
経済発展推進に反対する民衆の長い戦いにより、
本来のイギリスが持つ自然環境に戻そうとする運動が、国民一人ひとりに根付いてきました。
その自然保護運動が発端となり、継承不可能となった歴史ある建造物や史跡を
英国ナショナルトラストが買い取り、後世への引き継ぎとなる活動が続いています。
この活動からイギリス本来の牧草地帯の美しい風景が蘇ってきました。

上流階級が築きあげた風景式庭園を望むカントリーハウスと
中産階級が求める自分達の愛する英国の自然な風景を守る気持ちから始まった庭作りは、
階級を超えて今も尚、守られ続けています。
その自然の風景や自ら手を加えたガーデンを愛しみながら、庭を望むお部屋でいただく一杯の紅茶、
ガーデンのなかで過ごす一杯の紅茶が、人生で最も豊かな時間であることを教えてくれます。
イギリス人にとって家庭は城、そして庭もその城の延長であると。

ガーデンに囲まれていると、人も自然の一部であることを目覚めさせてくれます。
お気に入りのティーポットで紅茶を注ぎ、心を触れ合うひと時のお茶の時間は
誰もが求めているシークレットガーデンです。

夏から秋へ

O happy gardens!
Whose seclusion deep, so friendly to
industrious hours;
and to soft slumbers,
that did gently steep our sprits carry
with them dreams of flowers,
and wild notes warbled among leafy bowers.

Poemed by Willam Wordsworth
"A Farewell"

蓋をスイングしながら、庭に咲くピンクの花々を飾ると、
ドライストーンウォーリングに妖精が舞い降りてきました。
ビスケットウォーマー
イギリス　C.1900年　シルバープレート

6 Tea Urn
〜ティーアーン〜

木もれ日の中で

森の中へ。

急な山道を登っていくと、やわらかな木もれ日に包まれ
街の喧騒が嘘のように静かです。

ここは、山に住む動物達の家。

邪魔にならないように、簡単にお茶をいただけるティーアーンと、
ケーキスタンドにお茶菓子を盛り付け、いただきます。

大きさの異なる八角形のディッシュにフィンガー
ティーフードをアレンジ。持ち運びが簡単なケー
キスタンドです。

三段ケーキスタンド
イギリス　C.1900年
シルバープレート

バーナード工房のスタートに相応しいケーキバスケット。ヴィクトリア時代の隆盛を極めた英国銀器を数多く作り上げました。バスケットを飾るフローラル紋様の華やかな凹凸感とボリュームたっぷりの台座仕上げです。

ケーキバスケット
ロンドン　1831年
Edward Edward Junior John&William Barnard

グレープフルーツやメロンに最適なフルーツスプーンです。尖ったボウルと筋状のラインが、口当たりよく召し上がれます。

グレープフルーツ スプーン
USA スターリングシルバー　C.1900年

ジョージアンネオクラシカルスタイルのティーアーンです。1765年から20年ほどの短い期間にオーダーされたもの。屋外でのティータイムにも使えます。

ジョージアン　ティーアーン
ロンドン　1785年
John Wakelin&William Taylor

7 Fruit Bowl
ポタジェの恵み
〜フルーツボウル

ガーデンではお花と限らず、野菜も美しいオブジェです。
地産地消こそ、土地の味わいを楽しめます。
薔薇の美しさに叶わなくとも、野菜の花々は愛らしいです。
季節の恵みをテーブルに広げ、ランチタイムに。
マイセンのプレートも野菜に可愛らしいフルーツが
描かれた楽しいプレートです。

イギリスを代表するトーマス・ウエップの花紋様で飾られたグラス。
ワイングラス
イギリス　C.1900年
トーマス・ウエップ

ジョージアンの頃、英国銀器のボウルは、フレンチシルバーのパンチボウルを似せて作られました。それはボウルの縁にグラスをかける凹みを細工した形状。間もなく、その形は作られなくなり、代わりにフルーツを盛り付ける大きなボウルが主流となります。ダイニングテーブルを飾るフラワーアレンジにも使われました。

フルーツボウル
ロンドン　1893年
James Dixon&Sons Ltd

ポタジェで収穫した野菜たっぷりのスープをクィーンズパターンハンドルのテーブルスプーンでいただきます。

クィーンズパターン　テーブルスプーン
ロンドン　1875年　Geoge William Adams

色鮮やかなフルーツと野菜に薔薇をはじめとした小花紋様ときのこも描かれたマイセン・マルコリーニ期のテーブルウェア。

マイセン　スーププレート
ドイツ　C.1810年

カトラリーとの出会いから広がる世界

〜時空を越えたテーブルカトラリー

◆ CUTLERY ◆

　アンティークとは、100年以上の時を経たものを称すると言われています。
　私たちが日常、手にしているカトラリーの歴史を紐解きますと、現存するものとしては、紀元前8世紀から6世紀にイタリア中部に栄えたエトルリア人の祭事で使われたカトラリーらしき道具に遡ります。エトルリア芸術を収集したヴィラ・ジュリア国立博物館に、ゴールドで覆われた鋭利なナイフを目にした時は、カトラリーの原型そのものと実感しました。
　また、紀元前の古代ローマ人が使っていたものとして、ナイフブレードには鉄を、ハンドル素材にウッドを用いた切り分け用のナイフや、遠征に出かけるときに持ち歩いたスプーンとフォークを重ねたコンパクトな携帯用の道具がロンドンの大英博物館に展示されています。

　原始時代の手を使った食事方法から、貨幣価値と成り得るスターリングシルバーのカトラリーを使用するまでの歴史的経緯は、人々の食生活の変遷の歴史でもあるといえるでしょう。

　食事に使うナイフのブレードに焦点を当てるだけでも、さまざまな歴史が読み取れます。食べ物を切り分けるナイフのブレードには鉄、ハンドルには木、象牙、青銅、真鍮などを用いていました。
　世界中で銀の生産量が増え、カトラリーに銀を使用できるようになるのは16世紀後半からのこと。スターリングシルバーのテーブルナイフが用いられるのは18世紀以降です。しかし、銀は貨幣に準じる高価な貴金属。当時の王侯貴族がようやく持ち得たものの、一般庶民は手にすることもできませんでした。
　テーブルナイフは肉料理を切り分けるため、18世紀後半に入っても、ナイフブレードには鉄が使われていました。そのためブレード全体に錆びが付着し、保存されていても使用できないものがほとんどです。テーブルスプーンやフォークに比べ、気持ち良く使用出来るアンティークのミートナイフに出会えない理由の一つはここにあります。

　テーブルカトラリーは、その時代の食卓を映す鏡。
　食事をとるスタイルや食材、調理方法が変遷するにつれ、変わってきました。カトラリーは直接口に触れるものですから、安全な素材を使うことも大切な条件です。新しい素材の登場と技術の進歩によって、現代のテーブルに見られるカトラリーのスタイルになりました。
　現代ではステンレスの開発により、テーブルカトラリーは消耗品と思われれがちですが、スターリングシルバーのアンティークカトラリーは、口当たりも良く、お料理を優しく味わえる独特の魅力があります。世代を越え、受け継がれてきたテーブルカトラリーとの美味しい出会いをいくつかご紹介しましょう。

◆ CUTLERY ◆

マザーオブパール

　七つの海を制覇したと言われる大英帝国時代、イギリスは世界中からさまざまなモノを運び入れます。インド洋に眠る巨大なマザーオブパール（白蝶貝）も、そのひとつです。長い眠りから目覚めたマザーオブパールは、独特の輝きを持つ貴重な天然素材。テーブルカトラリーのハンドルをはじめ、ボタンなどの装身具やシェルカメオにも好んで用いられました。

　さらに海洋航海の技術革新が進むと同時に、世界各地の稀少な資源がイギリスに集まります。マザーオブパールのほか、象牙や珊瑚、鉱山からはアゲート、オニキス。数多くの資源が、テーブルを飾るアンティークシルバーのカトラリーハンドルに使われるようになりました。

　ボリューム感たっぷりに巻き上げられたマザーオブパールハンドルを用いたフィッシュカトラリーは、大英帝国の豊かな時代を象徴するようです。

フィッシュカトラリー
シェフィールド　1895年
Mappin&Webb Ltd

◆ CUTLERY ◆

マザーオブ
パールハンドル

ナイフブレード＆フォークを飾るピアッシング細工、虹色のマザーオブパールハンドルをより輝かせている繊細なブレード。フィッシュカトラリー、デザートカトラリー、ケーキを切り分けるサーヴィングナイフ＆フォーク。いずれもマザーオブパールだけが持つ神秘の輝きを放ちます。

60ページ.デザートカトラリー
シェフィールド　1839年
William Sansom

61ページ上.フィッシュカトラリー
バーミンガム　1857年
Foxall Hill&Foxall

61ページ右.ケーキナイフ＆フォークセット
バーミンガム　1882年
Hilliard&Thomason

クィーンズパターン

英国スターリングシルバーのカトラリーは、そのハンドルデザインから作られた時代を知ることができます。近代生活で用いられるスタイルは、1700年代後半からのアンティークシルバーに見受けられます。それ以前の1600年代後半には、スターリングシルバーのシュミターブレード（半月刀）に異素材のピストルを模したハンドルパターンが作られました。

　1750年頃、ハンドルラインが美しい弧を描いたオールドイングリッシュパターンがほぼ完成し、オールドイングリッシュスレッドパターンが1770年頃に作られました。

　その後、楽器のバイオリンを模したフィドルスレッドパターン、さらにその上にシェル紋様を重ねたフィドルスレッド＆シェルパターンが登場します。その縁取りにスクロール紋様を重ね、シェルをトップに飾ったものがアワグラスパターンです。

　大英帝国の繁栄とともに、時代はジョージ王朝からヴィクトリア王朝へ。この時代に登場するのが、装飾面において最もゴージャスとされるキングスパターンのハンドルです。ハンドルトップにシェルを飾り、パルメットを重ねています。さらにパルメットの中央に薔薇装飾を施したものがクィーンズパターン。ハンドルの表面と裏面に凹凸感を緻密に表現する技術力が必要とされます。現代は特別なオーダー以外、クィーンズパターンは作られていません。

　クィーンズパターンハンドルでも異なる装飾パターンがありますので、英国スターリングシルバーのカトラリーを手にされたとき、そのハンドルにもお目を留めてください。

　ご参考までに。アメリカのシルバー工房デザインによるニュークィーンズパターンと称されるハンドル装飾パターンもあります。これは、クィーンズパターンカトラリーのハンドルに、薔薇装飾の無いシェルを二重に重ね合わせたものです。

クィーンズパターンハンドルのデザートカトラリー
シェフィールド　1898年
Walker&Hall

キングスパターン

英国のカトラリーの歴史を語るならば、四つのファミリー工房の名を外すことはできません。Chawnerファミリー、Fearnファミリー、EleyファミリーとSmithファミリーです。この四つの工房は、徒弟制度（工房の親方の下で奉公を積み重ねる）を通じてお互いの家族と密接な関係を築き上げてきました。ギルド（金銀職人組合）の組合員のなかでも、この四つがもっとも大きなファミリーを構成していました。

そのなかの一角を成していたのがWilliam Chawnerです。

ジョージアンからヴィクトリアンにかかる1815年から1834年に、William Chawnerはホールマークを申請。亡き後は妻のMaryが、1845年以降はMaryの娘Anneの夫George William Adamsが工房を継ぎます。

また、ヴィクトリアンのカトラリーの工房を上げるならばChawnerともう一つ。英国のカトラリー工房を代表するFrancis Higginsの存在も忘れてはいけません。

これはヴィクトリア時代の幕開けとともにGeorge William Adamsにオーダーされた、キングスパターンハンドルのテーブルカトラリー。丁寧で勇壮な装飾に目を奪われます。

キングスパターンハンドルのテーブルカトラリー
ロンドン　1845年
George William Adams

◆ CUTLERY ◆

アルバートパターン

英国のフラットウェアがもっとも華やかであったヴィクトリア時代。その時代のみに作られたハンドルパターンもいくつか存在します。ヴィクトリア女王の名前が付けられたヴィクトリアパターンハンドル、そしてこのデザートカトラリーはアルバート公の名前が付いたアルバートパターンです。

この他、現代では製造されない幻のハンドルパターンと出会えるのが、アンティークシルバーの世界。コブラパターンや葡萄パターンなど、その華やかな姿は、ロンドンのV&A（ヴィクトリア＆アルバート）ミュージアムで見ることができます。

ちなみにこのHolland Aldwinkle&Slaterは、1833年にGeorge William Adamsが引退した後、Chawnerの技術を引き継いだ工房です。

アルバートパターンハンドルのデザートカトラリー
ロンドン　1902年
Holland Aldwinkle&Slater

サーヴィングカトラリー

もっとも敬意あるおもてなしをする際に、欠かすことのできないテーブルカトラリー。それがこのようなサーヴィングカトラリーです。ヴィクトリア時代の食事のマナーでは、必ずゲストの目に留まり、その手が触れるサーヴィングカトラリーは、その家の格を象徴するだけでなく、財力を感じさせるアイテムでもありました。スターリングシルバー以外にアゲートを用いたハンドル素材、緻密な装飾技法など、目を見張る美しさです。

66ページ上.ケーキナイフ＆フォークセット
シェフィールド　1859年　Martin Hall&Co

66ページ下.ケーキサーヴァー
アメリカ銀（CoinSilver）　C.1820年

67ページ上.アゲートハンドルのサーヴァー
ネザーランド833銀　C.1860年

67ページ中.ケーキトング
ドイツ800銀　C.1900年

67ページ下.サンドイッチサーバー
ロンドン　1882年
John Aldwinkle&James Slater

◆ CUTLERY ◆

秋の夕暮れ

8 Queen's Pattern
～クィーンズパターン

陽が沈む様子を、静かに眺められるガーデン。
街の明かりが灯りはじめると、空の色が瞬く間に変わっていきます。
時間の流れや季節の変化、いつもは気が付かずに過ごしがちですが
秋の夕暮れは、時がゆっくり流れていきます。

キャンドルのほのかな灯りに、時が経つのを忘れ、食事を楽しめます。三灯立ちのキャンデラブラを中心に、キャンドルスティックを重ねて食卓のアクセントに。フローラルキャンドルがゆらゆらと神秘的です。

キャンデラブラ
バーミンガム　1963年
JB Chatterley&Sons Ltd

キャンドルスティック
ロンドン　1901年
William Hutton&Sons Ltd

アミューズメントも盛り付けられるシャンパンクープ。ディナープレートに重ねます。

シャンパンクープ
パリ　C.1930年
バカラ レイラ

シックなワインローズに、金彩エナメル彩を重ねた華やかなディナープレートです。

ディナープレート
Royal Doulton　C.1890年

ディナープレートの華やかさを引き立てるクィーンズパターンハンドルのテーブルカトラリーは、ハンドルを持ち上げる時の感触が優しいです。

クィーンズパターンのテーブルカトラリー
ロンドン　1875年　Geoge William Adams

愉しき川辺

9
Drum Style Tea Set
〜ドラムスタイルティーセット

水辺で気持ちよさそうに泳ぐ白鳥と一緒に川辺のピクニック。
太陽の光を浴び、手入れの行き届いた芝生は
ふわふわの絨毯です。
フレッシュフルーツやサンドイッチを並べ
サルヴァにドラムスタイルのティーセットを合わせ
ピクニックティータイムです。

ティーサーヴィスセット
ロンドン　1876年
Daniel&Charles Houle

ガーデンに持っていきたいビスケットウォーマー。
お気に入りのビスケットを入れて、どこでも気軽に
持ち運べる優れものです。

74ページ．ビスケットウォーマー
イギリス　C.1890年　ヴィクトリアンシルバープレート

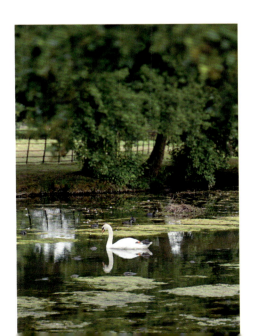

庭仕舞い

10
Neo classical Jug
〜ネオクラシカルジャグ

スタイルの美しさを追求したウォータージャグ
その優美さは、ガーデンでも引けをとらない迫力
です。

ウォータージャグ
シェフィールド 1898年
Martin Hall&Co

保温を目的とした回転カヴァーが付いたディッシュ。ディッシュの下にお湯を張り、カヴァーを閉めるとより保温効果が高まり、いつでも温かなお料理を召し上がれます。

ブレックファーストディッシュ
ロンドン　1874年
W&G Sissons

庭仕舞い
〜 Neo classical Jug

長い冬が来る前に庭仕舞い。
秋は、まさに錦秋。山々があざやかな色合いへ、移り変わる
もっとも美しい季節です。
元気に実った野菜も赤や黄色、とっても美味しそう。
手を休め、野菜や果物を並べて収穫祭です。

秋風が吹きはじめると、太陽が顔を出す時間も短くなります。
日高山脈の麓は、快晴から突然、真っ黒な雨雲が現れる気まぐれなお天気。
一日のなかで、穏やかな陽射しが差し込んだり、嵐になったりと
厳しい自然のなかを生きぬいてきた自生種が、深い森を作っています。

葡萄に巻きつく蔓や葉の面白さ。バスケットいっぱいに葡萄の房と葉を合わせてアレンジです。

ケーキバスケット
ロンドン　1831年
Edward Edward Junior John&William Barnard

カヴァーを重ねるだけで保温効果のあるカヴァードディッシュに食べ頃のイチジクを盛り付けてみました。蓋摘みのオブジェが、ガーデンフラワーと一緒に輝いています。

カヴァードディッシュ
フレンチシルバーファースト　C.1900年

お料理を取り分けるサーヴァーはビュッフェスタイルの収穫祭にかかせないカトラリーです。プレートに好きなだけ、盛り付けましょう。

アゲートハンドルサーヴァー
ネザーランド833銀　C.1860年

シルバースミスの仕事

～英国銀職人のファミリーヒストリー

◆ SILVERSMITH ◆

　英国では14世紀頃から、スターリングシルバー*としての基準を満たした銀器に、ホールマーク*が印されています。それは、アンティークシルバーを手にした時から始まる、時代を越えた、シルバースミス(銀職人)*との出会いです。
　英国の銀器の礎を築いたPaul de lamerie、Paul Storr、Hester Batemanなど、数多くのシルバースミスの貢献と献身により素晴らしい銀器が作られました。
　そのなかから、心魅かれたシルバースミスたちとの、時空を越えた一期一会をご紹介します。

*スターリングシルバー＆ホールマーク
　英国では貴金属製品を製造するには、王命により、その純度、製造年、製造された都市名、および製造した工房名を忠実に印すことが定められていました。その刻印の総称が英国銀器の「ホールマーク」です。
　ちなみにスターリングとは銀貨のこと。銀100％では柔らかすぎて貨幣に成形できないため、銀に数％の銅などが混ぜられたのです。この"1000分の925銀"が英国ではスターリングシルバーと呼ばれています。

*シルバースミス
　中世のヨーロッパでは、商工業者の間で職業別組合(ギルド)が結成されていました。組合員として認められなければ、製造はもとより、勝手に販売することも出来ないという、たいへん厳しいシステムです。
　ギルドの正式なメンバーの資格を得るためには、最低でも14, 15歳から親方のもとで7年程の修業(徒弟奉公)を勤め上げなければなりませんでした。親方に認められなければ、徒弟関係を結ぶことすら出来ず、その後独立して工房を立ち上げるには、徒弟制度が重要な基盤でした。

Chales Fox
（チャールズ フォックス）
ファミリー

ジョージアンのシルバースミスのファミリー工房のひとつです。

当時としては異色とも思える、プレートワーカーからギルドの正式メンバーとなったフリーマン（親方）です。

Chales Foxはプレートワーカーとして、オールド・シェフィールドプレート*と呼ばれるボリュームのある大きなテーブルウェアを作っていました。そのハイクオリティな技術は、顧客から多大な信頼を得ていたと言われています。その熟練した職人芸がギルドに認められ、1801年にJames Turnerとパートナーシップを結び、1804年9月5日、初代Chales Foxがホールマークを申請。そして父と同じく、徒弟制度を経ずに長男がChales FoxⅡとして1822年にホールマークを申請します。以降、Chales Thomas Fox&George FoxからGeorge Foxへ、さらにその息子達へとファミリー工房は1870年まで引き継がれました。

独特のテイストにあふれるフォックスファミリーの銀器。そこからは工芸品を越えたアーティストの威風すら感じられます。

*オールドシェフィールドプレート

イギリスの産業革命がはじまりつつあった1743年、Thomas Boulsoverが発見した銀メッキの技法です。銅の薄板を芯にし、銀の薄板で上下を挟み溶着させます。そのサンドイッチ状の銀板を使い、製品を作り上げました。この方法が開発されたことにより、サルヴァや華やかなデザインのトレー、ワインクーラーなど耐久性を求められる銀メッキ製品の製作が可能になりました。

1840年にエルキントンが特許を取得した電気メッキで仕上げるシルバープレート製造方法が発明（P91参照）されると、オールドシェフィールドプレートは徐々に衰退します。ですが、製造後200年以上を経ても、厚く施された銀の皮膜が今なお輝きを保っていることから、稀少なコレクターズアイテムとなっています。

◆ SILVERSMITH ◆

ティーサーヴィスセット
ロンドン 1834年 ChalesFoxⅡ
円形型の美しいスタイルに立体的なシェルの縦筋紋様。ハンドルや注ぎ口に飾られているのは、アカンサスの葉の大胆な紋様。格調高いティーサーヴィスセットです。

Angell （エンジェル）ファミリー

Angellファミリーの基礎は、プレートワーカーであったJoseph Angell(senior)と息子のJoseph Angell(junior)によって築かれました。Joseph Angell(senior)は1796年から Henry Nuttingの下で修行を始め、1796年10月5日、London Assay Officeにプレートワーカーとして申請をした記録が残されています。フリーマン(親方)として1804年に独立。1811年10月7日にホールマークを申請しています。当初は、名だたるシルバースミスが大量受注した富裕層向けの銀器を作る大きな工場として活動していました。当時の最も優れた有力工房で、銀器商としても影響力のあったRundell Bridge&RundellやHunt&Roskellは、彼らから銀製品を卸してもらっていたという資料が残っています。そのことからもJoseph Angell(senior)のずば抜けた技術力をご想像いただけると思います。

　Joseph Angell(senior)は二人の弟(Joseph Abraham、JohnAngell)と、年代を代えながらパートナーシップを結び、活動を続けます。そして1837年にはJosephAngellの息子・Joseph Angell(Ⅱ)とパートナーシップを結び、ホールマークを申請。Joseph Angell(senior)&Joseph Angell(Ⅱ)として自らが製造＆販売を手掛けるようになりました。

　1848年にJoseph Angell(senior)がリタイア。その後もJoseph Angell(Ⅱ)はアルバート公お墨付きのシルバースミスとして活躍します。際立つセンスと優れた技術力で1851年ロンドン万博、そして1853年ニューヨーク万博に出品。ロンドン万博で出品したクラレットジャグはもっとも優れたゴールドメダルを受賞、その作品は今もV&A(ヴィクトリア&アルバートミュージアム)で見ることができます。

　工房での活動に限らず、小売にも力を注いだAngellファミリー。主にティーケトル、イパーン、サルヴァ、クラレットジャグなどを遺しました。

ティーサーヴィスセット
ロンドン　1836年　Joseph Angell&John Angell
鏡面仕上げのゆるやかなシェーブ。蓋の摘みは、造形的でコサージュのよう。見事なティーサービスセットです。

◆ SILVERSMITH ◆

Josiah Williams
（ジョサイアウィリアムズ）

イギリス西部のブリストルを拠点にしていたWilliam Woodward 。1818年から20年ほどは、バーミンガムとシェフィールドにも工房を持っていました。その後、1855年に二人の息子James WilliamとJames Josiahがブリストルの工房を継承、1860年にロンドンのWhite Lion Streetに一時的に支店も構えます。しかし拠点であるブリストルの工房は移すことなく、活動を続けます。James Williamがリタイアした後、Josiah Williams&Coの名称にしました。王侯貴族を顧客とした高級貴金属商、グレードの高い銀器を作り続けたことで知られるシルバースミスです。

センターピース
ロンドン　1913年
Josiah Williams&Co
エレガントで繊細なモチーフはJosiah Williamsの得意とした技法。銀器の華やかさが際立ちます。

◆ SILVERSMITH ◆

Martin Hall （マーチン ホール）

1820年、シェフィールドでHenry WilkinsonとJohn Robertsがパートナーシップを結び、Henry Wilkinson&John Robertsとしてホールマークを申請します。Henry Wilkinsonは1836年に工房から離れ、John Robertsが新たにEbenezer Hallとパートナーシップを結んだのが1846年のこと。1856年に二人の息子へと代替わりをしたところでMartin Hall&Coへと改組します。1851年のロンドン万博をはじめ、1879年シドニー万博、1881年メルボルン万博と、勢いを失うことなく活動し続け、シェフィールドを拠点にロンドン、シドニー、バーミンガム、グラスゴーと支店を広げていきます。英国の産業革命が始まり、ミドル階級やプロフェッショナルなど、新しい富裕層もどんどん出現。彼らは、「富の象徴」としてたくさんの銀製品を買い求めるようになります。

シェフィールドを拠点とした工房では、当初よりシルバープレート作りに力を注いでいました。折りしも1840年、電気メッキで仕上げるシルバープレート技法*が開発され、銀器は一気に汎用性を広げます。王侯貴族向けの高級ラインだけでなく、ミドル階層や一般階層を意識したものも生産されるようになります。ヴィクトリア時代のシルバープレート大量生産ラインにのって販路を拡張、成功を納めたシルバースミスです。

ちなみにスターリングシルバーとともに、シルバープレートで仕上げたルイ14世スタイルのティーケトル＆ティーサーヴィスセットは、工房の人気商品となりました。

*電気メッキ技法のシルバープレート
銀メッキの電解液としてシアン化カリウムが適していると、John Wrightが発見。1840年にGeorge Richard ElkingtonとHenry Elkingtonと共に電気メッキ法の特許を取得します。その後Elkingtonが大量生産可能な開発を進め、ニッケルや銅などの地金に100%ピュアの銀の薄い層を形成させる電気メッキ仕上げのシルバープレート技法が完成します。当時は発電所も無い時代。その後、試行錯誤を繰り返し、1890年頃には電気メッキを効率よく仕上げる生産技術化が進むことになります。

ワインジャグ
シェフィールド　1901年　Martin Hall&Co
工房の持ち味である古典的な装飾を生かしたワインジャグ。エレガントなスタイルと華やかなモチーフが巧みに融合されたデコラティヴな作品です。

この本の舞台になったマナーハウスとガーデン

英国の
マナーハウスと
ガーデン

● Cliveden House & Spa

1666年、第二代バッキンガム公爵が建てたとされる壮大なマナーハウス。敷地内のいくつものイングリッシュガーデンは、現在英国ナショナルトラストが管理している。ライブラリーなどでアフタヌーンティーも楽しめる。

Taplow,Berkshier England SL6 0JF
www.clivedenhouse.co.uk

● Hartwell House Hotel

17世紀建造のマナーハウスのほか、教会や森、湖も点在する英国カントリーサイドらしい一軒。ルイ18世がイギリス亡命時に滞在していたことでも知られる。アフタヌーンティーはライブラリーやドローイングルームで。

Oxford Road Vale of Aylesbury Buckinghamshaire HP17 8NR
www.hartwell-house.com

● The Lords of the Manor Hotel

17世紀に建築されたこじんまりとした館は、コッツウォルズならではのはちみつ色。代々教会区の牧師を務めた家族が住んでいたという。アフタヌーンティーはドローイングルームやガーデンで。レストランも人気。

Upper Slaughter,Gloucestershire GL54 2JD
www.lordsofthemanor.com

北海道の
ガーデン

● 銀河庭園

世界的に活躍する英国人ガーデンデザイナー・バニー ギネスさんによるガーデンや、薔薇摘み体験ができる「ロズィのバラ畑」など見どころ満載。童話の世界に迷い込んだような30のテーマガーデンが楽しめる。

北海道恵庭市牧場277-4　えこりん村内
www.ecorinvillage.com/ecorinvillage/ginga.html

● 十勝ヒルズ

とかち帯広空港から車で約20分の「農と食のテーマパーク」。広々とした敷地には食をテーマにした"ヴィズ ポタジェ"や十勝の青空を映す"スカイミラー"、白とピンクを基調にした"アニーカの庭"などのガーデンも。

北海道中川郡幕別町字日新13-5
www.tokachi-hills.jp

● 紫竹ガーデン

オーナーの紫竹昭葉さんが還暦を過ぎてから「子どもの頃に遊んだ野の花咲く野原のような庭を」との想いを抱き、1999年に開いたカラフルなガーデン。地元食材を使ったビュッフェスタイルの朝食も人気を集めている。

北海道帯広市美栄町西4号線107
shichikugarden.com

● 十勝千年の森

イギリスのガーデンデザイナー・ダン ピアソン氏によるナチュラリスティック・ガーデン「アースガーデン」「メドウガーデン」のほか、「フォレストガーデン」など個性的な庭が広がる。日高山脈の雄大な景色も魅力。

北海道清水市羽帯南10線
www.tmf.jp

結びにかえて

種蒔の頃を間近かえ、本日日曜だ。お気に入りのティーカップに一煎目の茶葉の時間を過ごしている。

北海道の厳しい気象条件は、凧上げあるステージを作り上げたのでは〈と思う。花たちもふわりと頭を垂れたその姿のあちらこちらに随所に、花たちに込められたたくましく、進化の現有者も一喜一憂さが三さ十勝×十勝千年の藍、キリッとした古葉小さ茶、花たちを敢われた菩提寺の日置山市の頼に収蔵し、北海道の花が近くから慎重に、花たちは多種な芽吹きか藍染の画をあなたも堪能しました。

カメンをかタッフを通じてくださりました。

北海道のガーデンを巡り、西北を離れる前々だが、離農がついた咲き乱れる春が来る。日原山麓の気あふれる芽吹きが遠くなり、観葉は、自分白色水草と葉がふっくら咲きあがりました。この水を手にしてくださりました皆様も、自分白色水草気にふれ、あるいはのガーデンを頭を慎しまれますように。

この度も隣国北条に織屋さまの倉原千枝子様と桐千栄乃様、そら森内ナナハ紡の辺の真二様に、本に先発からまたかでもお忙しい中、カーテンの取材にご協力をいただきましたことを言葉に尽くせずも、お礼申し上げます。また一枚のの紙に積張なたな千キャラ印刷様までイリノイ様までドンと木材ドレーンの様のカシャキキーラッシャさんかわからないほどになってきたようにはシャンをTシャツいたしましたのは、編集を経てーシーブルの柳あいいさんと桑原千見子様で、そのたくさんの気配りに心より感謝申し上げます。

二年間に渡る連載終始、原稿を仕上げるたびに、慌ただしく気遣かくださる、編集一筋ご担当外嘉都に伯に感謝申し上げます。

藤嶋順子

著者　藤島優子
ふじしま・ゆうこ

1998年に札幌・南8条にアンティークギャラリー店舗をオープン。ロンドンではじめてヴィクトリアン時代の銀器で出逢ってアフタヌーンティーを知り、美しい器とおもてなし、日常使いできるアンティークシルバーを楽しんで欲しいと「KOTETSU」をオープン。自宅ではアンティークシルバーを使用したアフタヌーンティーの教室も開いている。Facebook、Instagram(fujishima.yuko)もしくはAntiqueGalleryKotetsuで検索可。「もう一度飾る新規出掛案内などを発信している。本著は、アフタヌーンティーのある暮らし、『アフタヌーンティーのある暮らしⅡ』に続く<第二弾>である。

アンティークギャラリー小鉄　北海道札幌市中央区南3条西10丁目3-3
URL https://www.g-kotetsu.com

アフタヌーンティーのある暮らしⅡ
Garden Tea Time

NDC 596

2019年6月15日 発行

著　者　藤島優子
　　　　ふじしまゆうこ

発行者　小川雄一

発行所　株式会社 誠文堂新光社
　　　　〒113-0033 東京都文京区本郷 3-3-11
　　　　[編集] 電話 03-5800-5779
　　　　[販売] 電話 03-5800-5780
　　　　http://www.seibundo-shinkosha.net/

印刷・製本　図書印刷 株式会社

©2019,Yuko Fujishima.
Printed in Japan

検印省略

落丁・乱丁の場合はお取り換えいたします。本書に掲載された著作権物（文章・写真・イラスト等）を、著作権法上で認められた場合を除き、著作権者及び出版社の権利の侵害となります。

本書のコピー、スキャン、デジタル化等の無断複製は、著作権法上での例外を除き、禁じられています。本書を代行業者等の第三者に依頼してスキャンやデジタル化することは、たとえ個人や家庭内での利用であっても著作権法上認められません。

JCOPY <(一社)出版者著作権管理機構 委託出版物>
本書を無断で複製複写（コピー）することは、著作権法上での例外を除き、禁じられています。本書をコピーされる場合は、そのつど事前に、(一社) 出版者著作権管理機構（電話 03-5244-5088／FAX 03-5244-5089／e-mail:info@jcopy.or.jp）の許諾を得てください。

ISBN978-4-416-61844-8

STAFF

Art director / Book designer
菅田亮子 (010)

Photographer
大泉克昌

Food styling
金子奈穂

Editor
鈴木雅子

greenfinger
有薗雅美
https://www.instagram.com/floralcandle
(69ページのキャンドル)

装幀／「窓辺でお茶を楽しんでいる人、
　　　　チャールトンのお嬢さんと弟」より。
　　　　牛骨のお皿から。

チャールズ・ストアラー
ロンドン1841年
Benjamin Smith Ⅲ
(ベントウボックス)

章扉絵／ふらめの窓辺のティーテーブルに
　　　　甘夏、モンティック・ティーケーキを。

チャールズ・ストアラー
ロンドン1844年
Charles Reily&George Storer